DISCOURS

SUR

L'ORDRE MONASTIQUE

PRONONCÉ DANS L'ÉGLISE ABBATIALE DE SOLESMES

A L'ANNIVERSAIRE DES OBSÈQUES DE DOM GUÉRANGER

LE 16 MARS 1876

PAR

Mgr L'ÉVÊQUE D'ANGERS

> *Sacrificium laudis honorificabit me : et illic iter, quo ostendam illi salutare Dei.*
>
> Le sacrifice de louange est l'honneur que j'attends de mon serviteur : c'est la voie par laquelle je lui manifesterai le salut de Dieu.
>
> (Psaume XLIX, v. 23.)

SE VEND AU PROFIT DE L'UNIVERSITÉ CATHOLIQUE D'ANGERS.

ANGERS

E. BARASSÉ, IMPRIMEUR-LIBRAIRE-ÉDITEUR

Rue Saint-Laud, [illegible]

1876

L27n 29087

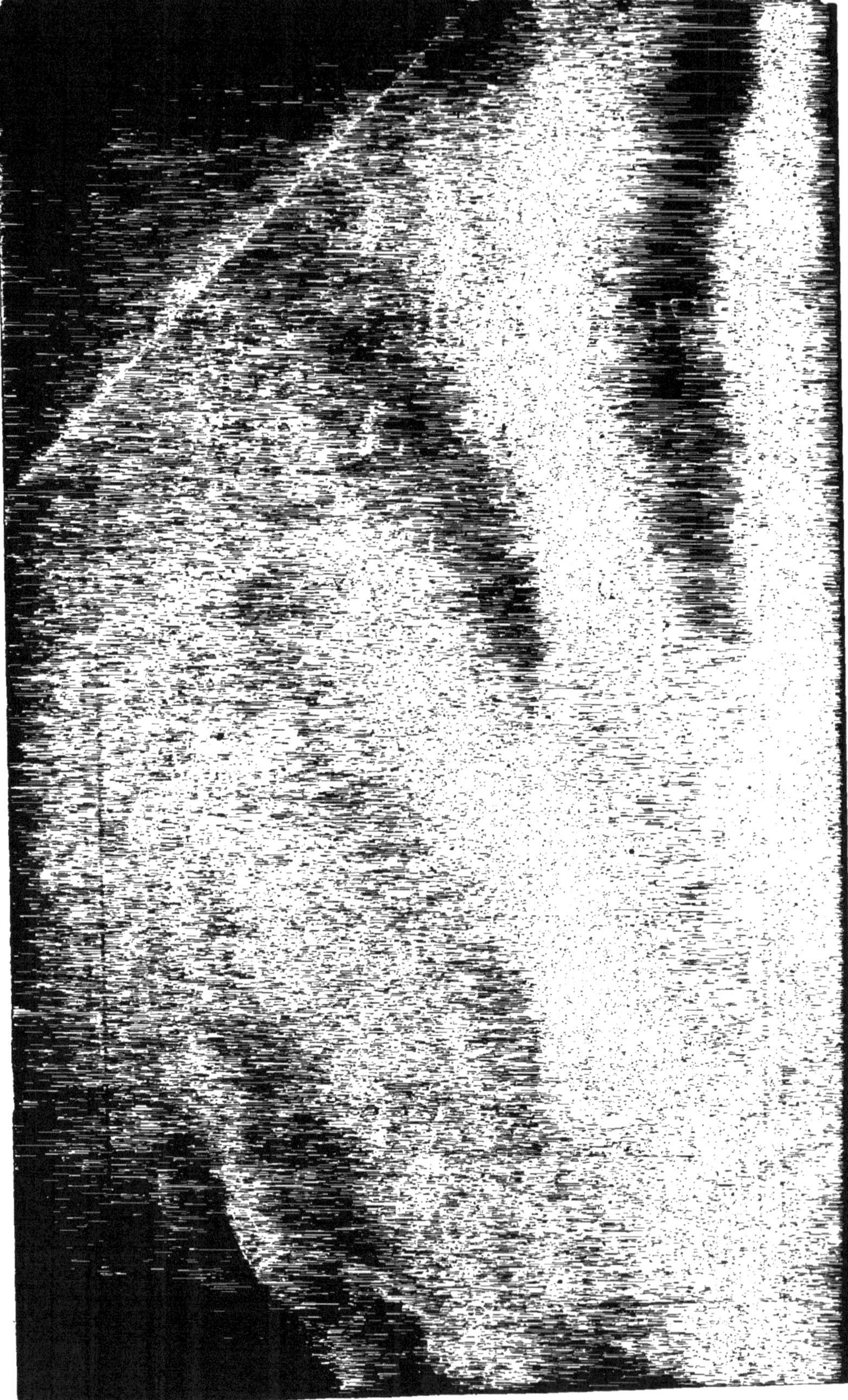

DISCOURS

SUR

L'ORDRE MONASTIQUE

PRONONCÉ DANS L'ÉGLISE ABBATIALE DE SOLESMES

A L'ANNIVERSAIRE DES OBSÈQUES DE DOM GUÉRANGER

LE 16 MARS 1876

PAR

MGR L'ÉVÊQUE D'ANGERS

DÉPÔT LÉGAL
MAINE et LOIRE
N° 180
1876.

BIBLIOTHÈQUE NATIONALE R.F. IMPRIMÉS

Sacrificium laudis honorificabit me : et illic iter, quo ostendam illi salutare Dei.

Le sacrifice de louange est l'honneur que j'attends de mon serviteur : c'est la voie par laquelle je lui manifesterai le salut de Dieu.

(Psaume XLIX, v, 23.)

SE VEND AU PROFIT DE L'UNIVERSITÉ CATHOLIQUE D'ANGERS.

ANGERS
E. BARASSÉ, IMPRIMEUR-LIBRAIRE-ÉDITEUR
Rue Saint-Laud, 83.

1876

Ln 27 29087

DISCOURS

SUR

L'ORDRE MONASTIQUE

PRONONCÉ DANS L'ÉGLISE ABBATIALE DE SOLESMES

A L'ANNIVERSAIRE DES OBSÈQUES DE DOM GUÉRANGER

LE 16 MARS 1876

Par Mgr L'ÉVÊQUE D'ANGERS.

Sacrificium laudis honorificabit me : et illic iter, quo ostendam illi salutare Dei.

Le sacrifice de louange est l'honneur que j'attends de mon serviteur : c'est la voie par laquelle je lui manifesterai le salut de Dieu.

(Psaume XLIX, v. 23.)

MESSEIGNEURS, MES RÉVÉRENDS PÈRES (1),

Lorsqu'un homme disparaît de la scène du monde, laissant après lui un grand nom et de grandes œuvres, l'attention se porte tout d'abord sur ce qu'il y a eu dans sa vie de plus extérieur et de plus apparent. La mission qu'il a remplie, l'influence qu'il a exercée sur son époque, les luttes qu'il a soutenues pour le

(1) Mgr l'Archevêque de Tours; NN. SS. les Évêques de Moulins, du Mans, de Nevers, de Luçon ; les Révérends Pères abbés de Solesmes et de Ligugé, de La Meilleraye, de Bellefontaine et de Port-du-Salut.

triomphe de la justice et de la vérité, voilà ce qui s'impose avant tout à la louange publique; et l'on juge du mérite d'un tel homme par la hauteur et par l'éclat de ses actes. Mais à mesure que l'on s'éloigne de ces choses, il se fait un autre travail dans la pensée de ceux qui les étudient à fond. De même qu'après avoir contemplé de près un édifice splendide, l'on a besoin de le revoir à distance pour mieux l'embrasser dans son ensemble, ainsi les grandes figures se dessinent-elles avec plus de relief dans le lointain de l'histoire. A l'enthousiasme de la première heure succède une admiration, qui, pour être moins émue, n'en devient que plus réfléchie. Alors, ce qui frappe davantage et ce que l'on recherche de préférence, ce ne sont plus tant les actions elles-mêmes que leur principe, l'étendue et la puissance d'une œuvre que son unité. Où est le ressort intime qui a donné le branle à tout l'homme? Quelle est l'idée dominante autour de laquelle s'est opéré tout le mouvement de la vie, comme le fruit se développe autour de la fleur qui en contient le germe? Telle est la question qui se pose pour tout homme dont le nom est entré dans l'histoire, chargé d'honneur et de bénédictions.

Cette question sera aussi mon excuse, au moment où je viens, après tant de voix éloquentes, payer à la mémoire de Dom Guéranger le tribut de ma vénération. Tout a été dit, et mieux que je ne saurais le faire, sur l'Abbé de Solesmes, sur le rang qu'il a tenu au milieu de nous, et sur les œuvres qu'il lui a été donné d'accomplir. Après avoir inspiré il y a un an et à cette place même, l'un des maîtres de la parole, il a eu ce privilége insigne d'être loué, comme peu d'hommes l'ont été, du haut de la Chaire suprême (1). Qui suis-je, pour me faire entendre après de telles autorités? Et que pourrais-je ajouter à la solennité de leur langage? Mais ce sont précisément ces témoignages, si élevés, qui m'enhardissent à répéter ma question : D'où est venu à cet homme l'ascendant, peut-être unique de nos jours, qu'il a exercé sur ses contemporains? Comment, faible et isolé qu'il

(1) Brefs du pape Pie IX des 19 et 29 mars 1875.

était, a-t-il pu devenir le promoteur d'un mouvement dont nous mesurons déjà l'étendue et la portée? En deux mots, qu'a-t-il voulu être? Et qu'a-t-il voulu faire?

Ce qu'il a voulu être, Mes Frères? Rien n'est à la fois plus simple ni plus grand : il a voulu être moine, rien que cela, et tout cela; ou, ce qui revient au même, il a voulu être l'homme de la louange divine, sachant bien que par cette voie il arriverait à toute œuvre salutaire, suivant les paroles que j'ai prises pour texte : *Sacrificium laudis honorificabit me : et illic iter, quo ostendam illi salutare Dei :* « Le sacrifice de louange est l'honneur que j'attends de mon serviteur; c'est la voie par laquelle je lui manifesterai le salut de Dieu. » Louer Dieu et faire louer Dieu, toute l'œuvre de Dom Guéranger est dans cette pensée unique : le reste n'est qu'une conséquence et un développement. Là est le vrai sens de sa mission et l'unité de sa vie.

Qu'est-ce donc qu'un moine, pour qu'une telle puissance s'unisse dans sa personne à tant de simplicité? Le moine, tel qu'il est sorti des entrailles de l'Evangile et de la tradition, est essentiellement l'homme de la louange divine. Et parce qu'il est l'homme de la louange divine, il est lié plus que tout autre à qui la reçoit et à qui la rend. D'où il suit que le moine est, dans le sens le plus parfait du mot, l'homme de Dieu, l'homme de l'Eglise, l'homme de l'Eglise romaine. Or Dom Guéranger a su être éminemment tout ce que je viens de dire : voilà pourquoi il a mérité d'être appelé par le Souverain Pontife « un vrai disciple de S. Benoît, » *verus Benedicti discipulus*. Je ne chercherai pas en dehors de cet éloge qui résume tout, l'ordre et la matière de mon discours.

MES RÉVÉRENDS PÈRES,

En m'invitant à prendre la parole dans cette circonstance, vous avez eu égard aux relations qui ont existé dès l'origine entre le diocèse d'Angers et l'ordre de S. Benoît. Vous vous êtes souvenu que la terre privilégiée où S. Maur est venu implanter le premier rejeton du Mont-Cassin, a été pour toute la France le berceau de la vie monastique; et que la cité angevine, avec ses quatre abbayes et ses trois prieurés, a pu mériter autrefois d'être appelée une ville bénédictine. Ces liens que douze siècles ont formés, l'illustre Abbé aimait à les rappeler; et, sans doute, son cœur comme le nôtre tressaillait à la pensée de les voir se resserrer encore, le jour où un enfant de l'Anjou, aimé et vénéré entre tous, viendrait à hériter de sa charge et à continuer son œuvre.

I.

Le moine est par excellence l'homme de Dieu, *homo Dei*. Assurément tout homme se doit à Dieu, comme la créature à son créateur. Nous sommes de Dieu; nous sommes à Dieu et pour Dieu. Cette relation essentielle constitue le fond même de la religion; et, dans ce sens, l'on peut dire de tout homme qu'il est un religieux. Mais par cela même que la religion est le lien qui nous rattache à Dieu, il peut y avoir dans ce lien plus ou moins de force et d'intimité. Voilà pourquoi il s'est trouvé à toutes les époques des hommes qui, pour leur salut propre et pour l'édification de leurs frères, se sont voués à Dieu par le libre choix d'un genre de vie plus parfait. L'ancienne loi les a connus, comme d'ailleurs elle ébauchait et préfigurait toutes les grandes choses de l'avenir. Israël avait ses hommes-liges de Jéhovah, ses Nazaréens, avec leurs vœux et leurs austérités; ses « fils des prophètes, » *filii prophetarum*, qui, à l'école d'Elie et d'Elisée, méditaient la loi de Dieu et chantaient ses louanges. De la vallée du Jourdain aux sommets de l'Horeb et du Carmel, ces hommes de Dieu, comme les appelait le peuple, *homines Dei*, embaumaient le désert du parfum de leurs vertus; et l'on pouvait dire avec Isaïe que « la solitude tressaillait à leur voix, et fleurissait comme le lys au contact de leur sainteté : » *exultabit solitudo et florebit quasi lilium* (1). C'était le sang le plus généreux de la nation : Dieu se plaisait à en former ses instruments de choix pour les grandes missions et les fortes initiatives. Toute l'histoire du peuple juif est traversée par leur merveilleuse action ; et, quand vint la plénitude des temps, Dieu alla prendre dans les déserts de Béthanie l'un de ces Nazaréens de l'ancienne loi, et le plus grand de tous ; il le plaça sur la limite des deux Testaments, comme pour résumer l'un et préluder à l'autre ; il mêla dans cette sublime figure les derniers traits de l'ordre prophétique aux premiers linéaments de l'ordre monastique ; et de ce moine-prophète, à la taille presque surhumaine, il fit le héraut et le précurseur de son Fils.

Ce n'était là toutefois qu'une préparation à l'ordre monastique, tel qu'il allait sortir des profondeurs de l'Evangile. Deux paroles du Christ en posèrent les fondements pour toute la suite des siècles : *Si vis perfectus esse, vade, vende quæ habes, et da pauperibus, et veni, sequere me—Sunt eunuchi qui seipsos castraverunt propter regnum cœlorum : qui potest capere, capiat* (2). C'est avec ces quelques mots livrés aux échos du monde, que le Christ a opéré l'une des plus grandes merveilles dont la terre ait été le théâtre. A peine l'ère des martyrs se fut-elle fermée, qu'une autre nuée de témoins prit leur place pour continuer leur œuvre : c'étaient les témoins de la pénitence, les témoins du détachement, les témoins de la croix. On eût dit que, par ce prodigieux épanouissement de la sainteté, Dieu voulait faire oublier les longs siècles de la corruption païenne. A la voix de Paul et d'Antoine, d'Hilarion et de Pacôme, les déserts se peuplent de pauvres volontaires, qui viennent se ranger sous la loi de l'obéissance, pour s'élever jusqu'au sommet de la perfection chrétienne. Tout l'Orient se couvre de monastères, où la louange divine se

(1) Isaïe, XXXV, 1. — IVe livre des Rois, I, 9, 10, 11 ; II, 3, 5, 7.
(2) S. Matth., XIX, 12, 21.

répète d'une cellule à l'autre. Pour ces hommes devenus l'étonnement du monde par leurs austérités, il semble que la nature n'ait plus de lois, ni la volonté d'obstacles. Ils vivent en plein surnaturel : Dieu les comble des dons de la grâce, en même temps qu'il arme leur main du miracle. Aussi, à défaut des hommes impuissants à les vaincre, Satan lui-même entre en lutte avec ces géants de la solitude. Leur vie est pleine de ses assauts : on sent, à la lire, qu'il s'agit, pour l'adversaire du Christ, d'étouffer à son berceau l'une des plus grandes institutions de l'avenir. Les luttes de la doctrine auront leur théâtre à Nicée, à Constantinople, à Ephèse; mais c'est dans les déserts de la Thébaïde que se livreront les grands combats de la vertu. C'est là que la perfection chrétienne reçoit le choc de l'ennemi dans ses plus vaillants athlètes; et c'est là qu'elle triomphe à jamais. Dans la personne de ces initiateurs incomparables, l'épreuve aura été décisive, complète : recueillis par les Athanase, les Jérôme, les Cassien, les Pallade, les Rufin, leurs exemples et leurs leçons formeront un trésor de spiritualité dont profiteront tous les âges, un réservoir d'eaux vives où s'abreuveront les âmes qui ont soif de perfection. Ces colonnes de lumière et de sainteté se dresseront pour toujours au seuil de l'ordre monastique; et jusqu'à la fin des temps, tous ceux à qui Dieu fera le don de créer à leur tour des familles spirituelles, se retourneront vers les Paul et les Antoine, pour redire avec l'accent de la piété filiale : ils étaient, et ils sont restés nos pères.

Et cependant, Mes Frères, rien n'eût été fait pour la durée de l'ordre monastique, si tout s'était borné à ces sublimes élans de la nature humaine atteignant jusqu'à l'ange sous l'impulsion de la grâce. Des sommets presque inaccessibles où on l'avait vue s'élever avec les pères du désert, la perfection religieuse demandait à être ramenée à des hauteurs plus abordables. Pour lui donner une forme permanente et la mettre à la portée d'un grand nombre, il fallait l'assujettir à des règles précises et la discipliner par une législation aussi souple que ferme. Après saint Basile, en Orient, ce fut, pour l'Occident, l'œuvre de saint Benoît.

Ici, Mes révérends Pères, je devrais vous céder la parole, pour apprendre de vous tout ce qu'il y a de sagesse et de profondeur dans cette constitution qui retrouve, après douze siècles de vie, son immortelle jeunesse. Non pas que le solitaire de Subiaco vise à rien de neuf ni d'extraordinaire : il se dit et il est le disciple des anciens, mais il les suit en maître qui apprécie tout et qui résume tout. Par cela même qu'il « est rempli de l'esprit de tous les justes, » *omnium justorum spiritu plenus* (1), comme l'a dit un de ses enfants les plus illustres, saint Grégoire-le-Grand, il ne s'attache à aucune voie particulière; c'est la substance même de la vie monastique qu'il reproduit dans sa Règle, sans y mêler ce qui aurait pu n'être qu'un accident ou une exception; et encore, cette règle, n'y cherchez ni une méthode de direction conduite avec art, ni un système de perfection savamment combiné. Non, rien n'est simple comme l'œuvre de saint Benoît; mais cette simplicité est celle de l'Evangile, qui répond à l'intelligence de chacun comme elle va au cœur de tous. Aplanir la voie des conseils évangéliques, à force de mesure et de discrétion, voilà son but, ainsi que le disait l'une de ses interprètes les mieux inspirées, sainte Hildegarde, *discretam et planam viam fecit* (2). Aussi n'est-ce pas aux parfaits qu'il s'adresse, mais à ceux qui aspirent à le devenir. Ce qu'il veut établir tout simplement, c'est une école où l'on apprendra à mieux servir le Seigneur, *Dominici schola servitii,* et dans laquelle il n'entrera rien d'âpre, *nihil asperum*, ni de trop pénible pour la faiblesse humaine, *nihil grave* (3). Oui, c'est avec aisance et en toute liberté, doucement et sans crainte, que son disciple suivra la route tracée par l'Evangile et arrivera à la perfection, ne la cherchant ni trop haut, ni trop bas, *nec nimis*

(1) Ex lib. II, c. 8. Dialog. s. Gregorii.
(2) Scivias, lib. II, visio 5.
(3) *Regula S. Benedicti*, Prologus.

in altum, nec nimis in profundum (1), mais se laissant aller au souffle de la grâce qui le conduira, selon sa voie, au terme qu'il doit atteindre.

Voilà l'œuvre de saint Benoît : œuvre admirable, Mes Frères, où éclate, sous la lumière d'en haut, le génie de l'homme avec ses plus vastes et ses plus profondes intuitions. Dans cette législation des âmes appelées à la vie parfaite, dans ce chef-d'œuvre de prudence et de discrétion, comme s'exprime saint Grégoire-le-Grand, *discretione præcipuam* (2), il y a sans doute la haute lucidité d'un regard éclairé par la foi; mais l'on y retrouve aussi, si je ne me trompe, quelque trait de ces patriciens de l'ancienne Rome qui ont conquis le monde par la sagesse plus encore que par la force, qui ont su le gouverner après l'avoir conquis, et qui, par là, ont préparé, à leur insu, le règne universel du Christ. C'est par cette sagesse toute romaine que le patriarche du Mont-Cassin s'est acquis une postérité nombreuse comme les étoiles du ciel et comme les sables de la mer. Cette règle qui s'adapte aux situations les plus diverses, cette règle qui n'exclut rien et se prête à tout, les enfants de saint Benoît pourront la porter sous toutes les latitudes, dans quelque milieu social que ce soit : partout elle formera des chrétiens parfaits, partout où il se trouvera des âmes pour se consacrer à Dieu, et un cloître pour y chanter la louange divine.

Car ce sont là, Mes Frères, les trois éléments de la vie monastique, tels que saint Benoît les a définis : les vœux, le cloître, la louange divine (3). C'est ainsi que le moine devient véritablement l'homme de Dieu. « Tout ce qui est dans le monde, écrivait l'apôtre saint Jean, est ou concupiscence de la chair, ou convoitise des yeux, ou orgueil de la vie; et tout cela ne vient pas du Père, mais du monde (4). » Voilà autant de causes qui détachent l'âme de Dieu, pour la rejeter vers les créatures.

(1) Sainte Hildegarde, *Comm. super Regulam*.
(2) S. Gregorius, lib. II, *Dialog.*, c. 36.
(3) *Regula S. Benedicti*, c. VIII, LVIII.
(4) S. Jean, Ire Épître, II, 16.

Or la vie monastique est l'antithèse parfaite de la vie mondaine. A la concupiscence de la chair elle oppose le vœu de chasteté; à la convoitise des yeux, le vœu de pauvreté; à l'orgueil de la vie, le vœu d'obéissance. Aux liens de la foi et de la grâce, qui rattachent tout chrétien à Jésus-Christ, vient s'ajouter, pour le moine, le triple lien que je viens de dire, lien des sens, lien du cœur, lien de la volonté; et cette relation singulière, privilégiée, fait de lui l'homme-lige de Dieu, *homo Dei*.

Mais ce détachement parfait des choses d'ici-bas et cette consécration totale de l'être humain à Dieu ne se conçoivent guère sans l'éloignement du monde. Voilà pourquoi le cloître est le deuxième élément de l'ordre monastique. « L'atelier où nous manions les instruments de l'art spirituel, disait saint Benoît, c'est le cloître de nos monastères, » *officina vero claustra sunt monasterii* (1). Le cloître! A ce mot, les préjugés s'éveillent, la faiblesse humaine recule. Et cependant, qu'est-ce que la vie du cloître, sinon la vie de famille dans ce qu'elle a de plus intime et de plus élevé? Là, sous l'autorité d'un père à qui la grâce a donné des tendresses et des sollicitudes sans pareilles, la charité fraternelle s'exerce dans toute sa plénitude. Là, le fort soutient le faible, le grand se rapproche du petit; ou plutôt, il n'y a ni fort ni faible, ni grand ni petit: tous ne sont qu'un en Jésus-Christ. O famille monastique, vrai idéal et type surnaturel de la famille humaine! C'est à ton école, et par tes exemples répétés en tous lieux, que le monde chrétien a appris l'obéissance et la discipline, qu'il s'est façonné à l'esprit de communauté, à tout ce qui resserre et fortifie les liens de la société domestique ou civile. O lieux solitaires, s'écriait S. Jérôme, où les vertus chrétiennes fleurissent dans un printemps perpétuel! *O desertum Christi floribus vernans!* O cloîtres bénis, où se forment les pierres précieuses dont est construite la cité du grand Roi! *O solitudo, in qua illi nascuntur lapides, de quibus civitas magni regis extruitur!* O retraites sacrées, où Dieu se communique

(1) *Regula*, c. IV.

davantage aux âmes et converse avec elles plus familièrement! *O eremus familiarius Deo gaudens* (1)! Le monde s'imagine que le deuil et la tristesse règnent derrière vos grilles et vos murs; non, c'est la joie, c'est l'allégresse spirituelle qui remplit vos demeures, comme elle éclate dans vos hymnes et dans vos cantiques de louanges, *Exultabit solitudo lætabunda et laudans* (2).

Car le cloître est le lieu privilégié de la louange divine. Si, par ses vœux et par son éloignement du monde, le moine devient l'homme de Dieu, par l'office divin il se fait, si vous me permettez ce mot, le courtisan de Dieu. Il s'oblige par état à un service officiel envers la majesté divine; et ce service journalier, il le remplit auprès de son Roi à des heures déterminées. Voilà sa fonction propre, son œuvre principale, l'œuvre de Dieu, *Opus Dei*, comme l'appelle S. Benoît (3). Pour régler ce service quotidien, l'Eglise, cette royale épouse du Christ, a pris comme thème fondamental de la louange divine les psaumes de David; et, les encadrant dans l'Ecriture Sainte et dans la Tradition, dans la doctrine et dans l'histoire, dans les leçons et dans la vie des saints, elle les a échelonnés le long de l'année et distribués suivant les jours et les heures. Elle y a mêlé l'hymne sacrée, la prière, les bénédictions, alternant tour à tour la demande et l'action de grâces, l'adoration et le repentir, tout ce qu'il y a de plus humble et tout ce qu'il y a de plus joyeux dans le cœur de l'homme, larmes, chants de triomphe, soupirs vers la patrie céleste, le tout en harmonie avec l'ordre de la nature et avec l'ordre de la grâce, avec les divisions du temps et avec les phases de la vie du Christ parcourant son cours annuel, active, souffrante, glorieuse; et de toutes ces choses réunies, elle a composé le formulaire universel de la prière publique. Et maintenant, levez-vous, enfants de S. Benoît, recevez des mains de l'Eglise cet office liturgique, où elle a résumé tout ce qu'elle doit à son divin époux de fidélité, de reconnaissance et d'amour. Tandis que le prêtre le récitera

(1) S. Jérôme, *Épître à Héliodore*.
(2) Isaïe, XXXV, 2.
(3) *Regula S. Benedicti*, c. XXII.

au milieu des travaux de son ministère, entrecoupant sa journée de cette louange silencieuse, vous le chanterez solennellement sous les voûtes du monastère; car vous voilà constitués les chantres officiels de la louange divine. Par vous, la création tout entière prendra une voix pour célébrer son auteur. Par vous, l'Eglise militante s'unira à l'Eglise triomphante dans les transports de l'éternel alleluia. Pour atteindre à la perfection, vous n'aurez pas à chercher vos moyens en dehors de cette œuvre de Dieu, qui est l'âme de la vie monastique; il vous suffira de monter par degrés cette échelle de la prière qui vous conduira jusqu'au sommet de la sainteté. Louer Dieu avec intelligence et amour, *psallere sapienter*, étudier sans cesse l'objet de la louange pour la rendre plus vive et plus parfaite, c'est la voie par laquelle vous arriverez de vous-mêmes et sans efforts aux œuvres du zèle et du dévouement, selon qu'il est écrit : *Sacrificium laudis honorificabit me : et illic iter, quo ostendam illi salutare Dei :* « Le sacrifice de louange est l'honneur que j'attends de lui; c'est la voie par où je lui manifesterai le salut de Dieu. »

Ah ! qu'il comprenait bien ces choses, Mes Très-Chers Frères, l'homme de Dieu dont la mémoire n'a cessé un instant d'être présente à votre esprit pendant que je parlais. Lorsque, jeune encore, il forma le dessein de s'éloigner du monde, et de suivre Jésus-Christ dans la voie des conseils évangéliques, ce qui l'attirait surtout vers la vie du cloître, c'était la pensée d'y rétablir le sacrifice de louange dans toute sa perfection. Avec le sens de la tradition qu'il possédait à un si haut degré, il remonta le cours des siècles, pour y saisir l'idée monastique à son origine et dans sa simplicité féconde. La règle de S. Benoît lui en offrait l'expression vraie et complète. Sans s'arrêter à ce que la suite des temps avait pu y ajouter çà et là de passager ou d'accidentel, Dom Guéranger alla au fond des choses, ne se proposant de créer ni une école d'érudits, ni une académie de savants, mais une famille de chrétiens parfaits, qui, à son tour, en produirait d'autres, et dont la prière publique serait l'œuvre commune et centrale, *Opus Dei*. C'était la pensée de S. Benoît ; ce fut la sienne. Voilà pourquoi il écrivait en tête de l'*Année liturgique* : « La prière est pour l'homme le premier des biens ; » et la dernière page qu'il dictait à ses enfants comme son testament spirituel, il l'intitulait : « l'Eglise ou la société de la louange divine. » L'Abbé de Solesmes se révèle tout entier dans ces deux mots. De là cette grande place qu'il faisait à ce qu'il appelait « la prière sociale ; » de là son ardeur à former ces chœurs de vierges sacrées, dont les chants ne se tairaient ni le jour ni la nuit ; de là ce soin qu'il mettait à ne placer sur les lèvres de ses enfants que la prière de l'Eglise elle-même, « comme étant la plus agréable à l'oreille et au cœur de Dieu, et partant la plus puissante ; » de là ces belles pages où il les invitait à se regarder comme « députés solennellement par le peuple chrétien, pour acquitter le tribut d'hommages et de reconnaissance dû à Dieu, à la glorieuse Vierge Marie et aux saints ; » de là enfin ses immortels travaux pour initier le reste des fidèles au « cycle divin des mystères de l'année chrétienne, en les mettant à portée de suivre la sainte Eglise dans sa prière de chaque saison mystique, et même de chaque jour et de chaque heure (1). » Il savait que, prier avec l'Eglise, c'est s'identifier avec elle, c'est se pénétrer de son esprit, c'est vivre de sa vie. Le jour où, délivré de toute autre préoccupation, le moine n'aurait plus en vue que de louer Dieu et de faire louer Dieu, ce jour-là il deviendrait par cela même entre les mains de l'Eglise un instrument préparé pour toute bonne œuvre, *ad omne opus bonum paratum* (2). En vrai disciple de S. Benoît, *verus Benedicti discipulus*, Dom Guéranger suivit cette voie tracée par le maître : elle devait le conduire aux grandes œuvres qui ont rempli sa vie. Car l'action procède de la contemplation ; et en se faisant l'homme de Dieu par les vœux, le cloître et la louange divine, le moine devient sans partage l'homme de l'Eglise : c'est le sujet de ma seconde partie.

---

(1) Préface générale de l'*Année liturgique*.
(2) IIe Ép. à Timothée, II, 21.

II.

Le moine est l'homme de l'Eglise. Mais, me direz-vous, si la louange divine et la contemplation sont l'œuvre capitale de l'ordre monastique, comment l'Eglise y trouvera-t-elle ses instruments pour l'action? Si la règle de saint Benoît ne vise pas à faire des érudits, des docteurs, des missionnaires, des hommes de lois et de gouvernement, d'où vient que ses disciples sont devenus tout cela, et à un degré suréminent? Par quel prodige les conquêtes les plus éclatantes de la foi, les monuments les plus vastes du savoir humain, et les progrès mêmes de la civilisation, ont-ils pu sortir de ces humbles pages où il est à peine dit un mot du travail scientifique, des œuvres extérieures du zèle et de l'apostolat? Y a-t-il ici quelque proportion entre la cause et l'effet, entre les moyens et la fin? Comment des hommes cherchant l'*Unum necessarium* au fond d'un cloître ont-ils pu déployer sur la scène du monde une activité infatigable, et se trouver aptes à remplir des rôles dont l'histoire atteste la grandeur et la fécondité?

C'est là précisément, Mes Frères, la grande merveille de l'ordre monastique; et, pour la comprendre, il faut se placer au cœur de cette sublime institution. Oui, sans doute, saint Benoît n'a en vue que l'établissement du règne définitif et complet de Jésus-Christ dans l'âme de son disciple; ce qu'il veut fonder avant tout et par-dessus tout, c'est une école de perfection, en dehors de toute œuvre et de toute fin particulières. Mais quelle meilleure préparation aux travaux de la vie active, aux vastes entreprises et aux grandes missions? Par cela même que le moine a compris ce mot qui l'appelle à la vie parfaite, *sequere me*, suis-moi, il se détache du monde et de lui-même pour s'attacher à l'Eglise; car suivre Jésus-Christ, c'est s'attacher à l'Eglise, qui est son épouse, son corps mystique, la chair de sa chair. Dès lors il n'a plus d'esprit propre, mais l'esprit de l'Eglise; c'est de sa pensée qu'il s'inspire, c'est à sa vie qu'il enchaîne la sienne. Les intérêts et les besoins de l'Eglise, voilà ses besoins et ses intérêts : le moine n'en connaît pas d'autres. L'Eglise est le lieu unique de ses opérations; il est au milieu d'elle toujours prêt à faire ce qu'elle désire, ce qu'elle demande. C'est pour la servir qu'il prie, qu'il étudie, qu'il travaille; et comme il s'affranchit de tout lien terrestre, comme il s'élève par la sainteté au-dessus de toute passion vulgaire, il mettra au service de l'Eglise plus de clairvoyance dans le jugement, plus d'énergie dans l'action, plus d'ardeur dans le sacrifice. Non pas qu'il recherche un rôle quelconque, ni qu'il s'attribue de lui-même aucune mission : il se borne à demeurer sous la main de Dieu, ne prétendant à rien, mais préparé à tout. Si l'Eglise ne fait pas appel à son dévouement, il restera dans son obscurité, la servant par ses prières plus encore peut-être que par sa parole ou par ses actes. Si, au contraire, elle réclame le secours de sa science ou de son génie, il se tiendra là, les reins ceints et la lampe ardente dans la main, jusqu'à ce que l'Eglise lui fasse entendre ces paroles qu'Urbain II adressait à un enfant de saint Benoît : « Monte jusqu'à nous, Anselme, aide-nous à défendre ta mère et la nôtre, » *Ascende usque ad nos, Anselme, et pugnans pro matre tua et nostra, adjuva nos.* Appelés ou non, ces hommes du cloître, trempés par l'oraison, rompus aux veilles, baignés dans la lumière de la grâce, forment, tour à tour, dans la grande armée du Christ, une avant-garde d'élite ou une réserve de choix ; et quand arrive le moment où l'esprit de Dieu vient les saisir au fond de leurs solitudes, pour les produire sur la scène du monde, ils se présentent devant l'Eglise au premier signal, en lui disant : *Adsumus,* nous voici !

Telle est l'idée du moine, homme de l'Eglise comme il est l'homme de Dieu et parce qu'il est l'homme de Dieu. Et maintenant, Mes Frères, ne vous étonnez plus que l'ordre monastique ait tenu une si grande place dans l'histoire du monde chrétien. Associé à toutes les œuvres de l'Eglise, suivant les temps et les lieux, il a dû lui fournir, pour la parole et pour l'action, des organes et des instruments incomparables. L'Eglise a-t-elle besoin d'apôtres pour arracher les peuples à la barbarie et les conquérir à l'Evangile? Aussitôt les monastères s'ouvrent pour laisser partir de leur sein des légions de missionnaires. Alors Augustin et ses compagnons s'élancent vers l'Angleterre ; Boniface vole vers l'Allemagne ; Anschaire vers la Scandinavie; Adalbert vers les Slaves. L'Eglise, qui a souci des corps comme des âmes, veut-elle pourvoir aux intérêts terrestres et aux besoins matériels de ses enfants, après leur avoir procuré le bienfait de la foi? A sa voix, les fils de S. Benoît se lèvent d'un bout de l'Europe à l'autre ; et la bèche à la main, ils fertilisent un sol resté jusqu'alors inculte et stérile. L'Eglise, qui veille tout à la fois aux trésors de la science et au dépôt de la foi, cherche-t-elle à sauver de la ruine les monuments du savoir humain ? C'est aux moines qu'elle confie cette tâche ; et avec la même ardeur qu'ils mettaient à défricher les terres, ils copient et recopient les manuscrits, pour transmettre aux générations futures l'héritage des temps passés. Alors, chaque monastère devient un asile pour les lettres, et les rayons de la doctrine partent dans tous les sens, de ces foyers de lumière qui s'appellent Latran, Cantorbéry, Fulda, le Bec, Corbie, pour ne citer que quelques-uns entre mille. S'agit-il pour l'Eglise de fonder à jamais le grand œuvre de la civilisation chrétienne, en constituant les sociétés sur les bases de l'Evangile? Chose plus merveilleuse encore que tout le reste, c'est parmi ces hommes de la solitude, voués à la prière et à la contemplation, ne songeant qu'à être des saints et à gagner le ciel, c'est là, dis-je, qu'elle trouve ses gouvernants les plus habiles et ses politiques les plus profonds. La veille encore, ils étaient au milieu de leurs frères, chantant comme eux les louanges du Seigneur, sans aspirer à rien de plus; et les voilà sur la chaire de S. Pierre, à la tête des églises, dans les conseils des rois, étonnant le monde par la netteté de leur coup d'œil, par la promptitude et la vigueur de leurs résolutions. C'est Grégoire-le-Grand, quittant la solitude pour embrasser l'univers entier dans les sollicitudes d'un zèle qui ne connaît ni trêve ni limites. C'est Suger, passant du cloître au

BIBLIOTHÈQUE NATIONALE RF IMPRIMÉS

gouvernement du premier royaume de la chrétienté. C'est Grégoire VII, sortant de son monastère pour refouler une invasion pire que celle des barbares, l'invasion du despotisme et de la corruption. Et quand je parle de restauration de la discipline, d'action morale sur les peuples, je devrais évoquer devant vous ces grandes figures de Cluny, immortel honneur de l'ordre monastique, les Odon, les Maïeul, les Odilon, les Hugues, tous ces hommes de Dieu, qui, à un moment donné, de l'Islande à la Palestine, de l'Espagne à la Russie, réunissaient en un seul faisceau leurs quatre mille monastères, laissant à chacun son autonomie, et les reliant tous entre eux par un même esprit et dans la poursuite d'une même fin, le triomphe de Jésus-Christ par l'Eglise et dans l'Eglise.

Mais vous l'entendez, Mes Frères, l'ordre monastique n'a de force que par son union, je ne dis pas assez, par son identification avec l'Eglise, qui est sa raison d'être, le principe de son mouvement, la règle et la fin de toutes ses opérations. Le saint patriarche du Mont-Cassin l'avait dit : chercher Dieu véritablement, *si vere Deum quærit*, ne rien placer avant le Christ, *Christo omnino nihil præponat*, c'est la vraie puissance du moine et la condition de son activité dans l'Eglise (1). Si, au contraire, il se cherche lui-même, s'arrogeant une mission qu'il n'a pas reçue de l'Eglise; si c'est l'amour-propre qui le guide, et non pas la pensée de servir l'Epouse de Jésus-Christ et rien qu'elle, à l'instant même il devient infidèle à l'esprit de son ordre. Alors les initiatives fécondes font place à des entreprises téméraires; les saintes hardiesses de la liberté monastique dégénèrent en déclamations violentes; une confiance excessive en soi-même produit l'aveuglement; l'orgueil s'irrite des résistances de l'autorité; la foi se trouble au milieu des contradictions; et, nous l'avons vu naguère, une fois sur cette pente où les servitudes de la chair ne tardent pas à succéder aux révoltes de l'esprit, le disciple de la perfection, sorti de sa voie, se laisse entraîner misérablement jusqu'à ce que, de chute en

(1) *Regula S. Benedicti*, c. LVIII, LXXII.

chute, il finisse par tomber au fond de l'abîme où s'ensevelissent, avec ses vœux et ses serments, sa dignité et son bonheur.

Qui mieux que l'Abbé de Solesmes a vécu de la vie de l'Eglise, ne prenant que d'elle son mot d'ordre, et constamment prêt à mettre à son service tout ce qu'il avait d'énergie et d'activité, de science et d'érudition? Qui de nos jours a su être plus complétement l'homme de l'Eglise, n'ayant d'autre esprit que le sien, ni d'autre préoccupation que ses intérêts et ses besoins? Qui s'est identifié davantage avec elle, avec son histoire et ses œuvres, avec sa tradition et ses luttes? En vrai disciple de S. Benoît, *verus Benedicti discipulus*, Dom Guéranger se considérait entre les mains de l'Eglise comme un instrument docile qu'elle emploierait à son gré et selon les nécessités du moment. Nul n'était plus éloigné que lui d'entreprendre une œuvre pour la vaine satisfaction d'y attacher son nom; et il disait à ce propos avec un abandon plein de charme et qui le peint tout entier :

« Je n'ai jamais pu lire mon nom sur un livre sans éprouver l'impression la plus désagréable. C'est toujours, au reste, ce qui me coûte le plus à mettre quand j'ai fini un ouvrage; je suis mal à mon aise de voir ma personnalité s'affirmer ainsi : non pas que je craigne l'opinion, mais parce qu'il me répugne de paraître donner au public mes idées propres, et non pas la vérité que Dieu a confiée à notre Mère la sainte Eglise. »

Magnifiques paroles, Mes Frères, et qui nous permettent de lire jusqu'au fond de cette âme où l'amour de l'Eglise tenait une si grande place. Certes, l'Abbé de Solesmes a pris parmi nous l'une des initiatives les plus hardies que l'on puisse trouver dans l'histoire de l'ordre monastique; mais dans cette campagne conduite avec tant de talent et de persévérance, il ne faisait qu'obéir à la voix de l'Eglise, qui, par la bouche du Souverain Pontife, lui avait confié la mission de restaurer les saines traditions du droit canonique et de la sainte liturgie : *Sanas pontificii juris et sacræ liturgiæ traditiones labescentes confovere* (1). C'est pour

(1) Bref du pape Grégoire XVI pour le rétablissement de l'ordre bénédictin en France.

répondre à un appel parti de si haut, qu'il se mit à l'œuvre avec une noble ardeur, et sans se laisser effrayer par aucune résistance, sachant bien que l'unité liturgique, en rattachant plus étroitement les Eglises de France au Saint-Siége, préparerait d'elle-même cette unité doctrinale qui fait en ce moment notre force et notre joie. Parce qu'il réglait toute son activité sur les besoins de l'Eglise, cet homme de tradition est peut-être de tous les écrivains modernes celui qui a suivi le mouvement actuel des esprits avec le plus d'attention, afin d'être toujours prêt à porter la défense du côté où se produirait l'attaque. Est-il une question contemporaine sur laquelle il n'ait dit son mot avec l'autorité qui lui était propre? Avec quelle joie ne saluait-il pas, dans un avenir prochain, la renaissance de ces Universités catholiques, dont les prémices sont sous nos yeux, et auxquelles il se promettait bien de prêter son concours le plus actif, les regardant, et à bon droit, comme l'une de nos meilleures espérances (1)? Ne leur avait-il pas tracé la voie d'avance, par la multiplicité et par le caractère de ses propres travaux? L'ordre surnaturel est-il menacé dans son intégrité par des systèmes qui tendent à l'amoindrir sur le terrain de l'histoire et de la doctrine? Dom Guéranger écrira ces belles pages sur le naturalisme, qui ont pu paraître importunes à quelques-uns, mais dont l'ensemble restera comme un chef-d'œuvre d'analyse et de haute critique. L'Eglise veut-elle affirmer de nouveau, avec toute l'économie de la rédemption et de la grâce, le dogme de la maternité divine dans l'une de ses conséquences les plus rigoureuses? L'Abbé de Solesmes consacrera au triomphe de la Vierge conçue sans tache les ressources de sa vaste érudition. Faut-il nourrir la piété catholique, atteinte dans l'une de ses sources principales par les aridités et les sécheresses du jansénisme? Le chantre de sainte Cécile saura tirer de son âme des trésors de piété et de poésie mystique pour célébrer dans les Saints l'élite de la grande fa-

(1) L'Université catholique d'Angers s'était empressée d'envoyer une députation au service de Dom Guéranger.

mille chrétienne. S'agit-il enfin de défendre la monarchie pontificale, et, avec elle, la constitution de l'Eglise dans sa merveilleuse unité? Le fils de S. Benoît se souviendra que c'est là, pour l'ordre monastique, la plus haute et la plus chère de ses prérogatives. Car si le moine, homme de Dieu, est par là-même l'homme de l'Eglise, il est tout particulièrement l'homme de l'Eglise romaine. C'est la pensée qu'il me reste à développer.

III.

Le moine est l'homme de l'Eglise romaine. Assurément, Mes Frères, tout le peuple chrétien, prêtres et laïques, doit se rattacher à cette Eglise mère et maîtresse par le lien de la subordination. Tel est l'ordre divinement établi. L'Eglise universelle est comme une armée rangée en bataille, qui se meut à la voix d'un chef suprême, pour combattre l'enfer et le monde. L'objet de cette lutte, dans laquelle se résument toutes les choses d'ici-bas, c'est l'établissement du règne universel de Jésus-Christ. Mais dans toute armée il y a une troupe d'élite, qui forme la garde du souverain, qui veille sur sa personne, qui reçoit plus directement ses ordres, et qui se dévoue pour sa cause avec une ardeur toute particulière. Pour combattre le bon combat dans le monde entier, l'Eglise romaine, elle aussi, devait avoir sa milice spéciale, répandue en tous lieux, recrutée parmi les meilleurs, fondue avec le reste de la grande armée du Christ, et pourtant formant un corps à part, pour se mouvoir et agir plus librement sous la dépendance immédiate du pouvoir central. Cette garde souveraine, destinée à couvrir de plus près la monarchie pontificale, et à lui faire un rempart de son dévouement sans bornes; cette milice, toujours prête à mettre au service de la Papauté tout ce qu'elle a de discipline et de vaillance, c'est l'ordre religieux, et, dans sa forme la plus ancienne et la plus complète, l'ordre monastique.

Je ne rappellerai pas combien l'ordre monastique a contribué à étendre l'influence et à fortifier l'action de la Papauté. L'histoire du monde chrétien est là pour en témoigner à chacune de ses pages. Si les successeurs de S. Pierre ont réussi à établir en Europe le règne de Jésus-Christ, et à l'y maintenir après l'y avoir constitué, c'est en grande partie parce qu'ils avaient sous la main, dans les disciples de S. Benoît, des instruments d'autant plus actifs et plus dociles qu'ils étaient plus parfaits. Chaque monastère, chaque abbaye était pour eux un point d'appui et comme un ouvrage avancé qui gardait les approches de la cité elle-même. Aussi toutes les fois que l'esprit du mal veut atteindre le Siége apostolique, il s'attaque tout d'abord à cette force de résistance, la première en vue, sûr qu'il est de porter par là un coup sensible au centre de la doctrine et du gouvernement.

Mais, vous le concevez sans peine, Mes Très-Chers Frères, pour remplir avec succès ce rôle aussi glorieux que fécond, il fallait que l'ordre monastique pût rester en relation directe et immédiate avec le cœur même de l'Eglise, sans recevoir d'ailleurs le mouvement et la vie. Aussi bien n'est-ce pas à une branche quelconque, mais au tronc de l'arbre divin qu'il était venu puiser la sève évangélique. Se rattacher à telle ou à telle partie du corps mystique de Jésus-Christ, et non pas à la tête elle-même, c'eût été, de sa part, méconnaître à la fois sa nature et sa fin. En d'autres termes, l'ordre monastique appelait de lui-même l'exemption monastique, comme la sauvegarde de son existence et la condition de sa durée. A Dieu ne plaise que je veuille rétrécir tant soit peu les limites de la juridiction diocésaine ! A cette époque de l'année plus encore qu'à toute autre, j'aime à me rappeler que le jour de la fête de S. Benoît a été également celui de mon élection à l'épiscopat. Mais je n'éprouve aucune peine à concilier les droits de la divine hiérarchie avec le privilége si utile et si rationnel de l'immunité régulière. Guidée par l'esprit de sagesse qui l'anime constamment, l'Eglise a su ménager toutes choses de telle façon que l'épiscopat pût conserver sa juste autorité, sans que l'ordre monastique fût troublé dans le jeu normal de sa vie propre et intime. Oui, sans doute, rien de ce qui touche à la pureté de la doctrine et à l'intégrité des mœurs ne saurait échapper à la haute surveillance de l'Evêque, gardien de la discipline et source de la juridiction pour tous les actes concernant son troupeau ; mais en même temps qu'elle laissait intact ce pouvoir de vigilance et de protection, l'Eglise a voulu placer hors d'atteinte la constitution des corps religieux et leur fonctionnement régulier. Universel comme l'Eglise elle-même, l'ordre monastique ne pouvait être assujetti aux variations locales, sans risquer de perdre son vrai caractère et de voir son esprit s'altérer avec sa règle d'un diocèse à l'autre. C'est au centre de l'unité qu'il devait se relier sans intermédiaire, afin d'échapper au morcellement et à la division ; c'est de la source première de l'autorité spirituelle qu'il devait tirer toute sa puissance, pour mieux résister à la pression de l'erreur ou aux entreprises de la force. Ainsi, et ainsi seulement, resterait-il pour l'Eglise romaine un auxiliaire toujours fidèle, et pour tout le peuple chrétien une école de perfection d'autant plus sûre qu'elle recevrait de plus haut ses lumières et sa direction.

Profondément pénétré de la justesse des maximes que je viens d'énoncer, l'Abbé de Solesmes voyait dans l'immunité régulière la conséquence rigoureuse de cette relation étroite de l'ordre monastique avec l'Eglise romaine. Non pas qu'il y ait jamais cherché les satisfactions d'une fausse indépendance ni le triomphe d'intérêts privés ; nul plus que lui, nous le savons, n'avait de déférence et de respect pour l'autorité épiscopale, sachant bien qu'en dehors d'elle il n'y a ni ordre dans l'Eglise ni garantie pour la doctrine. Mais, en même temps que l'exemption monastique était à ses yeux une condition nécessaire de la vitalité des ordres religieux, elle lui apparaissait, et avec raison, comme une affirmation solennelle de la plénitude du pouvoir apostolique. Voilà pourquoi il n'hésita pas à la défendre, en toute occasion, avec le zèle que demande le bon droit, et sans se départir de la modération qu'inspire la charité. Faut-il s'étonner qu'avec une idée si exacte du moine, et du moine bénédictin, Dom Guéranger se soit montré constamment l'homme de l'Eglise romaine? C'est à elle qu'il consacrait le premier fruit de ses veilles, la plaçant ainsi en tête de tous ses travaux, comme le prophète de l'ancienne alliance mettait Jérusalem au commencement de toutes ses joies. Avec quel accent d'enthousiasme et de piété filiale ne célébrait-il pas, dans ses *Origines de l'Eglise romaine*, les splendeurs incomparables de cette monarchie unique, « qui n'a d'autre lien que l'amour et le respect, et qui résout sans bruit le problème tant agité d'une société universelle! » Quoi de plus grand, s'écriait-il presque au lendemain de son entrée à Solesmes, quoi de plus merveilleux sous le soleil que cette succession de pontifes qui a traversé dix-huit siècles comme un jour, dans une fidélité unanime à garder inviolable le dépôt d'une même doctrine, à maintenir une même société sur les mêmes bases! Où paraît mieux, disait-il à ceux-là mêmes qui ne savent se placer qu'au point de vue de la raison, où paraît mieux la dignité de la nature humaine que dans la conservation incessante de cet empire pacifique qui, sans autres garanties que l'amour et la foi, sans autres armes que celles empruntées à la morale la plus spiritualiste, a recueilli dans tous les âges tant et de si nobles hommages du génie et de la vertu (1)? »

De tels ouvrages, publiés il y a près d'un demi-siècle, préparaient le mouvement d'idées dont le concile du Vatican devait être le terme. Depuis lors, l'infatigable champion de l'Eglise romaine ne cessa pas un instant de concentrer sur ce point toute l'activité de son esprit, dissipant à force de science et de logique les préjugés d'école ou d'éducation, répandant la lumière sur les questions autour desquelles s'étaient amassés le plus de nuages, et pourchassant l'erreur sous toutes ses formes, dans la doctrine et dans l'histoire, dans le droit canonique et dans la liturgie, dans la morale et dans la vie des Saints. Ce qu'il ne pouvait faire

(1) *Origines de l'Eglise romaine*, t. I, p. 5.

à lui seul, il l'achevait par ses disciples, et Dieu lui en a donné jusque sur les degrés du trône pontifical : il dirigeait ceux-ci, encourageait ceux-là ; il indiquait la voie aux uns, aidait les autres de ses conseils, ne se refusant à aucun, et restant pour tous un modèle et un guide. Trente années se passèrent dans ces travaux, où l'on voyait un humble moine exercer autour de lui, du fond de sa cellule, une influence qu'on n'avait plus connue depuis longtemps. Et quand arriva le moment tant désiré où ces graves problèmes allaient recevoir leur solution définitive, où il s'agissait de trancher pour toujours des questions devenues mûres par l'étude et par la prière, le livre de la *Monarchie pontificale* sortit de l'âme de Dom Guéranger comme le résumé et le couronnement de sa vie. C'était une lumière et une joie qui venait tomber au milieu des contradictions et des tristesses de cette heure solennelle. Le vieil athlète avait porté son dernier coup; et à l'émotion générale qui s'ensuivit, l'on pouvait mesurer ce qu'il apportait de force à la vraie doctrine, et combien il avait contribué d'avance à la faire triompher.

Au milieu de ces luttes qui ont rempli sa vie, l'Abbé de Solesmes savait conserver la parfaite tranquillité d'une âme qui cherche uniquement et en toutes choses le triomphe de la vérité. Car, après avoir parlé de son activité extérieure, il me resterait, Mes Frères, à peindre le côté moral de cette nature si riche et si bien équilibrée. Certes, Dom Guéranger n'était pas homme à transiger sur les questions de doctrine : il avait le culte des principes, et il aimait à dire avec cette finesse d'esprit qui prêtait tant de charme à ses épanchements intimes : « Notre Mère la sainte Eglise a des héros à bien peu de frais ; rien ne tient un homme comme les principes : pour peu qu'il ait la foi, son énergie et son dévouement iront jusqu'à l'héroïsme. » Ennemi de toute dissimulation, il n'estimait pour lui et dans les autres que la simplicité sans alliage et la rectitude de l'Evangile. Jamais il ne connut ce faible des âmes vaniteuses qui s'appelle l'amour de la popularité. Le cri de la foule n'était rien pour lui, quand la vérité parlait autrement que le grand nombre. S'agissait-il de briser avec des erreurs reçues, l'auteur des *Institutions liturgiques* ne craignait pas de remonter le courant de l'opinion au lieu de se laisser entraîner par elle. Esprit sagace et d'une indépendance surprenante, il se tenait en garde contre ces formules de convention que l'on répète sans les comprendre, et ces maximes à la mode auxquelles se laissent tromper si facilement tant d'esprits superficiels. Avant de se prononcer sur un point quelconque, Dom Guéranger aimait à tout examiner et à tout approfondir, suivant le précepte de l'Apôtre : *Omnia probate, quod bonum est tenete* (1). Et c'est ainsi qu'à une époque où la pensée se croit libre, parce qu'elle est téméraire, et où l'on subit toutes les tyrannies, en ne voulant accepter aucune autorité, ce moine nous a offert le beau spectacle d'un homme qui savait unir à une orthodoxie sévère la plus grande liberté d'esprit.

Mais, tout en n'admettant aucun compromis avec sa conscience, ni aucune transaction sur la doctrine, ce grand lutteur ménageait les personnes avec une courtoisie qui prenait sa source dans une charité non feinte, *in charitate non ficta* (2). Dom Guéranger n'a jamais eu d'autres ennemis que ceux de l'Eglise. A voir avec quelle franchise et quelle sincérité il abordait la controverse, il était impossible de méconnaître la pureté du motif qui inspirait sa conduite. « Est-ce que j'écris pour moi ? » répondait-il à ceux qui le pressaient d'entreprendre un travail pour lequel il ne se croyait pas prêt, ou qui lui reprochaient de laisser un ouvrage inachevé. Il avait d'ailleurs cette sûreté de coup-d'œil, qui permet de saisir le point précis de la difficulté, et qui empêche de dépasser la mesure dans l'appréciation des choses ; cet empire sur soi-même, qui laisse au jugement assez de calme pour réagir contre des impressions trop vives, et à la volonté assez de force pour se contenir au milieu des plus grandes ardeurs de la polémique. Dans les luttes de la doctrine comme dans la vie spirituelle, il n'aimait pas ces états de l'âme, violents et

(1) Ire aux Thessal., v, 21.
(2) IIe aux Cor., vi, 6.

redoutables, où une exagération appelle l'autre. Rien de brusque ni de heurté ne pouvait convenir à cette nature douce et ferme, simple et aisée. C'était l'esprit de S. Benoît : ce fut le sien ; en cela encore, il se montrait le vrai disciple du maître, *verus Benedicti discipulus.*

C'est l'esprit qu'il vous a laissé, Mes Révérends Pères, en vous chargeant du soin de continuer son œuvre. Et quelle œuvre ! Il n'en est pas de plus importante à l'époque où nous vivons. Des hommes, qui ont perdu le sens chrétien, s'en vont répétant : à quoi peuvent servir des moines au XIXe siècle ? D'autres, moins hostiles, mais non pas plus clairvoyants, admettraient volontiers la transformation de l'ordre monastique en simples communautés plus ou moins régulières. Erreur funeste ! L'état religieux est nécessaire à l'Eglise, au complet épanouissement de sa vie ; et l'ordre monastique est l'une des formes impérissables de l'état religieux. Les siècles qui comprennent le moins ces choses, sont précisément ceux qui en ont le plus besoin. Quand le blasphème retentit autour de nous, haut et menaçant, ne faut-il pas que la louange divine monte vers le ciel de tous les points de la terre ? L'Eglise est-elle moins attaquée de nos jours que dans les âges précédents? Sa doctrine est-elle placée hors de toute agression? Son histoire a-t-elle été explorée dans tous les sens? Les monuments de la tradition n'ont-ils plus de secret ni d'obscurité? La science a-t-elle dit son dernier mot en livrant sa dernière énigme? Et l'Eglise romaine, « cette clef des desseins éternels, cette boussole de l'humanité, ce fanal de l'avenir (1), » comme disait l'Abbé de Solesmes, a-t-elle moins besoin que par le passé de cette force immense qu'elle trouvait à son service dans la direction et le gouvernement des peuples? A toutes ces questions le bon sens et l'esprit chrétien répondent avec la dernière évidence que l'ordre monastique conserve aujourd'hui plus que jamais sa grande et belle mission.

Puisse-t-elle donc se multiplier, cette légion des disciples de

(1) *Origines de l'Eglise romaine*, p. 21.

la perfection, pour l'honneur et l'édification du peuple chrétien! Puisse le sol béni de la France se couvrir à nouveau de ces abbayes et de ces monastères, jadis l'une de ses gloires les plus pures! Puissent-ils se rallumer au souffle de l'Esprit de Dieu, ces foyers célèbres de doctrine et de sainteté, de science et d'érudition! Puisse-t-il refleurir parmi nous et embaumer nos solitudes, ce rosier de saint Benoît, image d'une fécondité inépuisable, que la vierge de Helfda, Gertrude-la-Grande, contemplait avec délices dans l'une de ses plus ravissantes visions (1)! Puissent toutes ces choses s'accomplir pour le bien de l'Eglise et de la France! Et lorsqu'on voudra, dans l'avenir, remonter à l'origine de ces restaurations puissantes, on y trouvera, après la grâce de Dieu, la main et le cœur de Dom Guéranger, Abbé de Solesmes. Ce sera sa grandeur dans l'histoire et son mérite devant Dieu. Ainsi soit-il!

(1) *Insinuationes divinæ pietatis*, lib. IV, cap. XI.

BIBLIOTHÈQUE NATIONALE R.F. IMPRIMÉS

Angers, E. Barassé, imprimeur de Monseigneur l'Évêque et du Clergé.

121

www.ingramcontent.com/pod-product-compliance
Ingram Content Group UK Ltd.
Pitfield, Milton Keynes, MK11 3LW, UK
UKHW020404250726
13967UKWH00005B/2468